Impressum
Verlag: BABADADA GmbH, Nedderfeld 112 , 22529 Hamburg
Geschäftsführer / Verlagsleitung: Harald Hof
Druck: Books on Demand GmbH, In de Tarpen 42, 22848 Norderstedt

Imprint
Publisher: BABADADA GmbH, Nedderfeld 112 , 22529 Hamburg, Germany
Managing Director / Publishing direction: Harald Hof
Print: Books on Demand GmbH, In de Tarpen 42, 22848 Norderstedt

skool
l'école

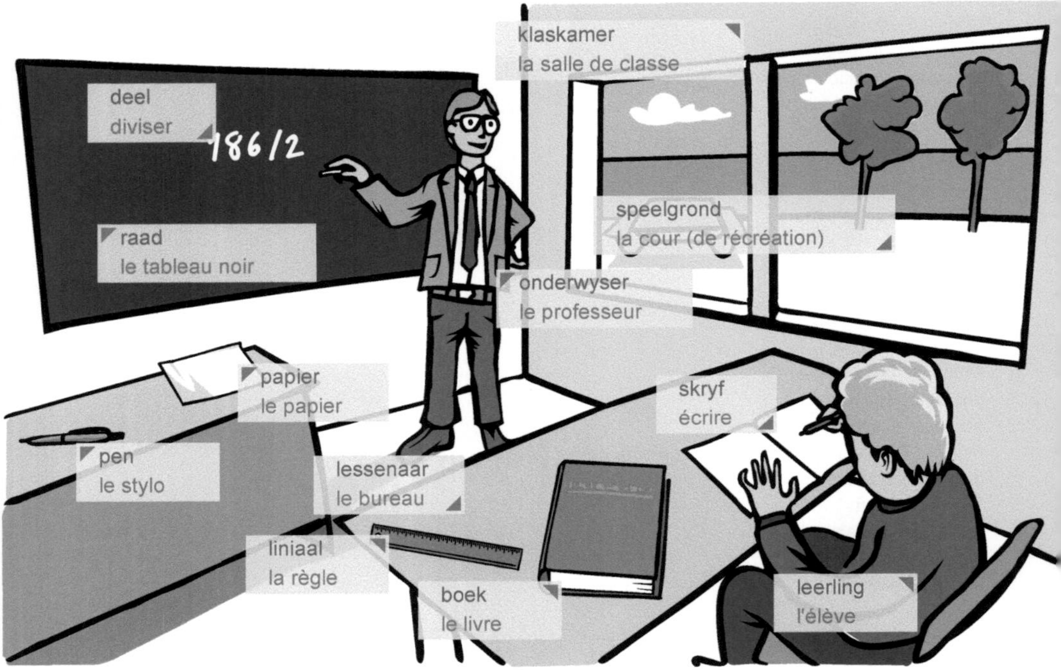
klaskamer
la salle de classe
deel
diviser
186/2
raad
le tableau noir
speelgrond
la cour (de récréation)
onderwyser
le professeur
papier
le papier
skryf
écrire
pen
le stylo
lessenaar
le bureau
liniaal
la règle
boek
le livre
leerling
l'élève

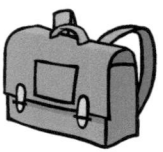

skooltas
le cartable

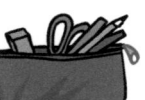

potloodhouer
la trousse

potlood
le crayon

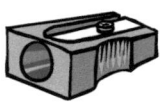

skerpmaker
le taille-crayon

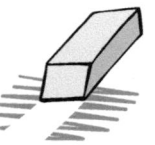

rubber
la gomme

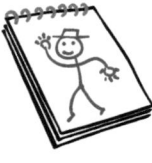

tekenblok
le carnet à dessin

tekening

le dessin

verfkwas

le pinceau

verfoppervlak

la boîte de peinture

skêr

les ciseaux

gom

la colle

oefenboek

le cahier d'exercices

huiswerk

les devoirs

aantal

le chiffre

optel

additionner

aftrek

soustraire

maal

multiplier

bereken

calculer

brief

la lettre

alaphabet

l'alphabet

woord

le mot

teks

le texte

lees

lire

kryt

la craie

les

la leçon

registreer

le livre de classe

eksamen

l'examen

sertifikaat

le certificat

skooluniform

l'uniforme scolaire

onderwys

la formation

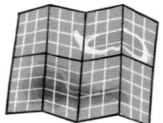

ensiklopedie

le lexique

universiteit

l'université

mikroskoop

le microscope

kaart

la carte

vullisdrom

la corbeille à papier

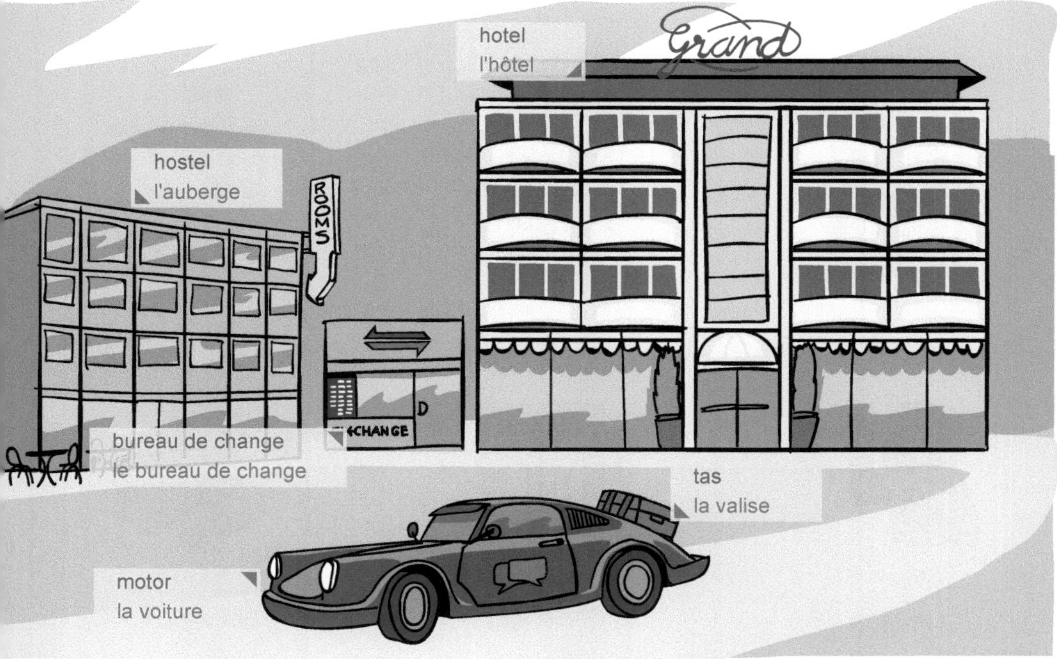

hotel
l'hôtel
Grand
hostel
l'auberge
ROOMS
bureau de change
le bureau de change
CHANGE
tas
la valise
motor
la voiture

taal
la langue

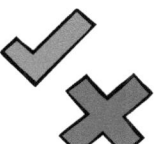

ja / nee
oui / non

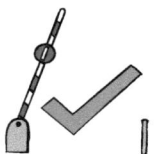

Goed
d'accord

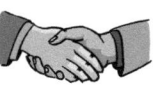

hallo
Salut

vertaler
l'interprète

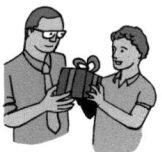

Dankie
merci

hoeveel is…?

Combien coûte…?

Ek verstaan nie

Je ne comprends pas

probleem

le problème

Goeie naand!

Bonsoir !

Goeie môre!

Bonjour !

Goeie nag!

Bonne nuit !

totsiens

Au revoir

rigting

la direction

bagasie

les bagages

sak

le sac

rugsak

le sac-à-dos

gas

l'hôte

kamer

la pièce

slaapsak

le sac de couchage

tent

la tente

toeriste-inligting

l'office de tourisme

strand

la plage

kredietkaart

la carte de crédit

ontbyt

le petit-déjeuner

middagete

le déjeuner

aandete

le dîner

kaartjie

le billet

hysbak

l'ascenseur

posseël

le timbre

grens

la frontière

doeane

la douane

ambassade

l'ambassade

visum

le visa

paspoort

le passeport

vervoer

le transport

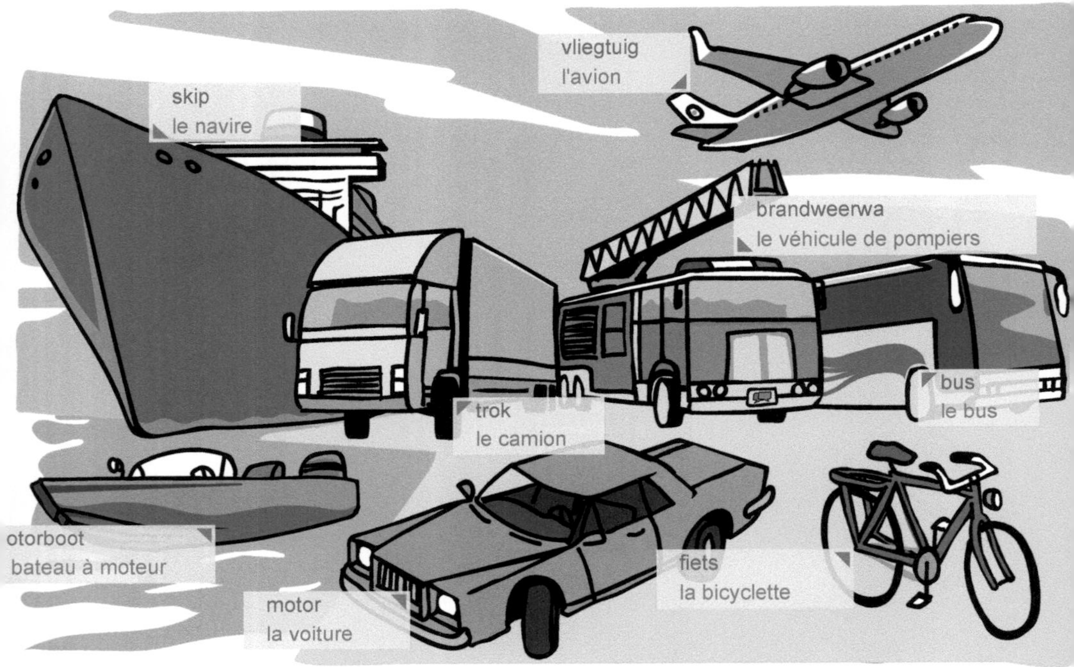
vliegtuig
l'avion
skip
le navire
brandweerwa
le véhicule de pompiers
bus
le bus
trok
le camion
otorboot
bateau à moteur
fiets
la bicyclette
motor
la voiture

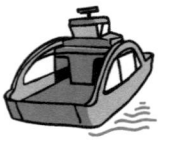

veerboot

le ferry

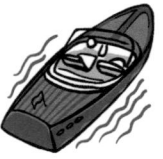

boot

la barque

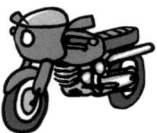

motorfiets

la moto

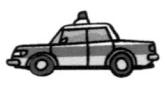

polisiemotor

la voiture de police

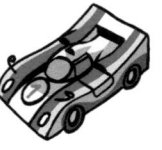

renmotor

la voiture de course

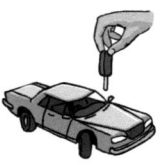

huurmotor

la voiture de location

car-sharing

l'auto-partage

insleepvoertuig

la voiture de remorquage

vullisverwydering

la benne à ordures

enjin

le moteur

brandstof

l'essence

vulstasie

la station d'essence

verkeersteken

le panneau indicateur

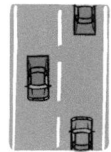

verkeer

le trafic

verkeersknoop

l'embouteillage

parkeerplek

le parking

stasie

la gare

spore

les rails

trein

le train

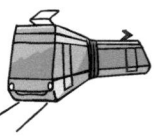

tram

le tramway

wa

le wagon

helikopter

l'hélicoptère

lughawe

l'aéroport

toring

la tour

passasier

le passager

houer

le conteneur

karton

le carton

karretjie

le chariot

mandjie

la corbeille

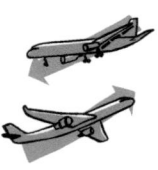

opstyg / land

décoller / atterrir

stad

la ville

dorpie

le village

middestad

le centre-ville

huis

la maison

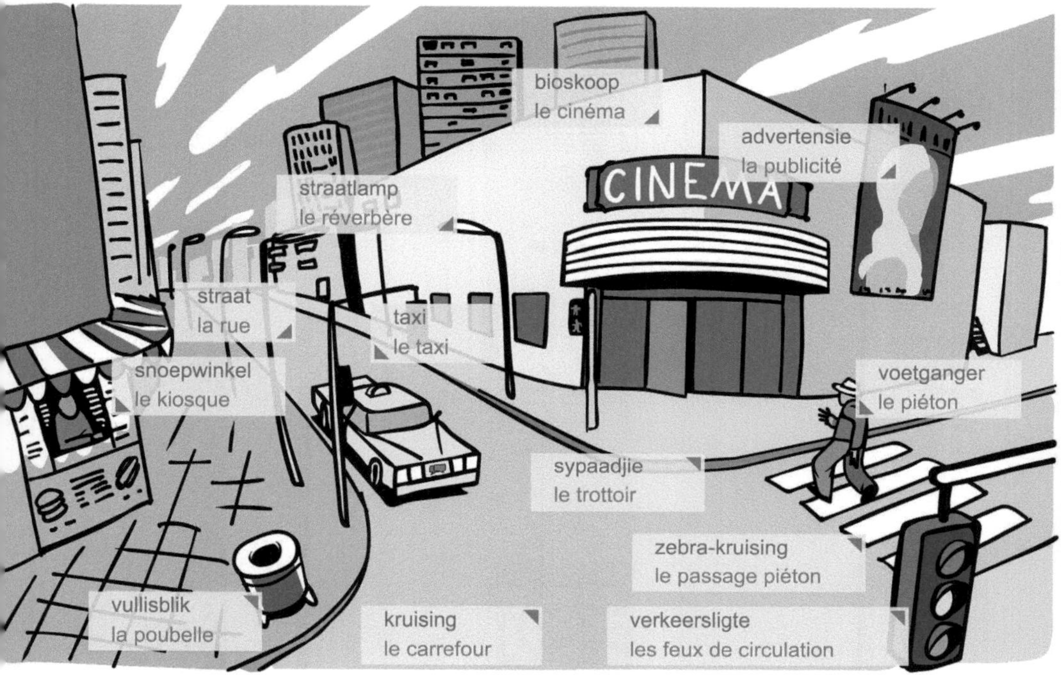

bioskoop
le cinéma
CINEMA
advertensie
la publicité
straatlamp
le réverbère
straat
la rue
taxi
le taxi
snoepwinkel
le kiosque
voetganger
le piéton
sypaadjie
le trottoir
zebra-kruising
le passage piéton
vullisblik
la poubelle
kruising
le carrefour
verkeersligte
les feux de circulation

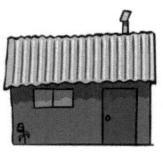

hut

la cabane

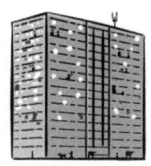

woonstel

l'appartement

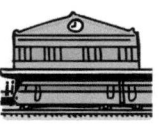

stasie

la gare

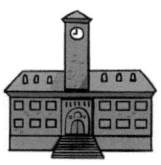

stadsaal

la mairie

MUSEUM

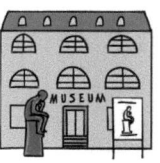

museum

le musée

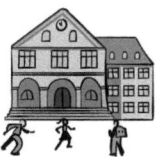

skool

l'école

universiteit

l'université

bank

la banque

hospitaal

l'hôpital

hotel

l'hôtel

apteek

la pharmacie

kantoor

le bureau

boekwinkel

la librairie

winkel

le magasin

bloemis

le fleuriste

supermark

le supermarché

mark

le marché

handelshuis

le grand magasin

viswinkel

la poissonnerie

inkopiesentrum

le centre commercial

hawe

le port

stad - la ville

park
le parc

bankie
la banque

brug
le pont

trappe
les escaliers

moltrein
le métro

tonnel
le tunnel

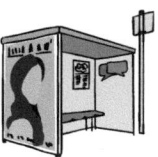

bushalte
l'arrêt de bus

kroeg
le bar

restaurant
le restaurant

posbus
la boîte à lettres

straatnaambord
le panneau indicateur

parkeermeter
le parcmètre

dieretuin
le zoo

swembad
le réverbère

moskee
la mosquée

plaas
la ferme

besoedeling
la pollution

begraafplaas
la cimetière

kerk
l'église

speelgrond
l'aire de jeux

tempel
le temple

landskap

le paysage

blaar
la feuille

padwyser
le panneau indicateur

pad
le chemin

weiland
le pré

klip
la pierre

boom
l'arbre

voetslaner
le randonneur

rivier
la rivière

gras
l'herbe

blom
la fleur

vallei

la vallée

heuwel

la montagne

meer

le lac

bos

la forêt

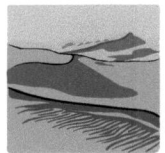

woestyn

le désert

vulkaan

le volcan

kasteel

le château

reënboog

l'arc-en-ciel

sampioen

le champignon

palmboom

le palmier

muskiet

le moustique

vlieg

la mouche

mier

les fourmis

by

l'abeille

spinnekop

l'araignée

landskap - le paysage

15

miskruier

le coléoptère

padda

la grenouille

eekhoring

l'écureuil

krimpvarkie

le hérisson

haas

le lièvre

uil

la chouette

voël

l'oiseau

swaan

le cygne

wildevark

le sanglier

takbok

le cerf

elk

l'élan

opgaardam

le barrage

windturbine

l'éolienne

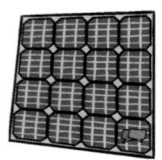

sonpaneel

le panneau solaire

klimaat

le climat

kelner
le serveur

menu
le menu

stoel
la chaise

sop
la soupe

pizza
la pizza

eetgerei
les couverts

tafeldoek
la nappe

voorgereg
les hors d'œuvre

hoofgereg
le plat principal

nagereg
le dessert

drankies
les boissons

kos
l'alimentation

bottel
la bouteille

kitskos

le fast-food

straatkos

les plats à emporter

teepot

la théière

suikerverpakking

le sucrier

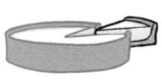

porsie

la portion

espresso masjien

la machine à expresso

hoë stoel

la chaise haute

rekening

la facture

skinkbord

le plateau

mes

le couteau

vurk

la fourchette

lepel

la cuillère

teelepel

la cuillère à thé

servet

la serviette

glas

le verre

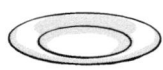

gereg

l'assiette

sopbakkie

l'assiette à soupe

piering

la soucoupe

sous

la sauce

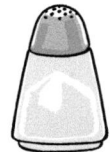

soutpot

la salière

pepermeul

le moulin à poivre

asyn

le vinaigre

olie

l'huile

speserye

les épices

tamatiesous

le ketchup

mosterd

la moutarde

mayonaise

la mayonnaise

supermark
le supermarché

spesiale aanbieding
l'offre promotionnelle
FOR
kliënt
le client
suiwelprodukte
les produits laitiers
vrugte
les fruits
trollie
le chariot

BUTCHERS

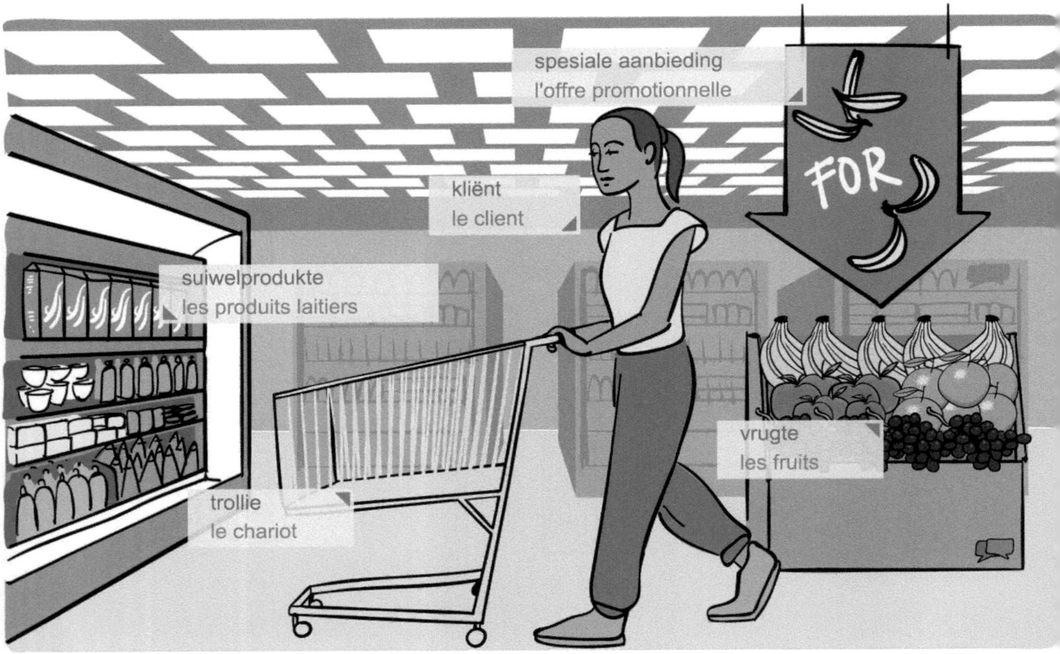

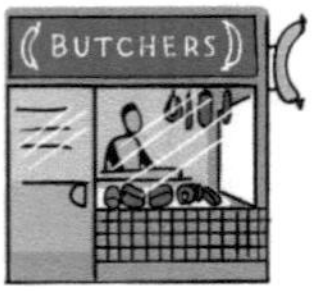

slaghuis

la boucherie

BAKERY

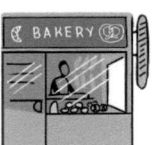

bakkery

la boulangerie

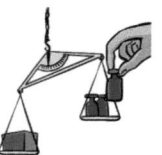

weeg

peser

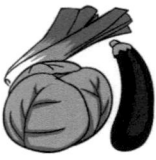

groente

les légumes

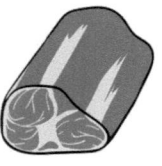

vleis

la viande

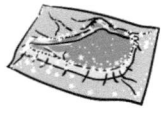

bevrore voedsel

les aliments surgelés

kouevleis

la charcuterie

blikkieskos

les conserves

waspoeier

la poudre à lessive

lekkers

les bonbons

huishoudelike produkte

les articles ménagers

skoonmaakprodukte

les détergents

verkoopsvrou

la vendeuse

kasregister

la caisse

kassier

le caissier

inkopielys

la liste d'achats

besigheidsure

les heures d'ouverture

beursie

le portefeuille

kredietkaart

la carte de crédit

sak

le sac

plastieksak

le sac en plastique

water

l'eau

sap

le jus de fruit

melk

le lait

coke

le coca

wyn

le vin

bier

la bière

alkohol

l'alcool

kakao

le chocolat chaud

tee

le thé

koffie

le café

espresso

l'expresso

cappuccino

le cappuccino

piesang

la banane

appel

la pomme

lemoen

l'orange

waatlemoen

le melon

suurlemoen

le citron.

wortel

la carotte

knoffel

l'ail

bamboes

le bambou

ui

l'oignon

sampioen

le champignon

neute

les noisettes

noedels

les pâtes

spaghetti

les spaghetti

rys

le riz

slaai

la salade

aartappelskyfies

les pommes frites

gebraaide aartappels

les pommes de terre rôties

pizza

la pizza

hamburger

le hamburger

toebroodjie

le sandwich

kotelet

l'escalope

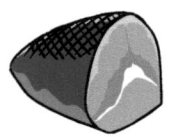

ham

le jambon

salami

le salami

wors

la saucisse

hoender

le poulet

braaivleis

le rôti

vis

le poisson

hawermoutflokkies

les flocons d'avoine

muesli

le muesli

graanvlokkies

les cornflakes

meel

la farine

croissant

le croissant

broodrolletjie

les petits-pains

brood

le pain

roosterbrood

le pain grillé

koekies

les biscuits

botter

le beurre

dikmelk

le fromage blanc

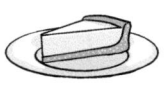

koek

le gâteau

eier

l'œuf

gebraaide eier

l'œuf au plat

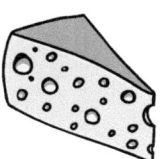

kaas

le fromage

roomys
<hr>
la glace

suiker
<hr>
le sucre

heuning
<hr>
le miel

konfyt
<hr>
la confiture

nougat-smeer
<hr>
la crème nougat

kerrie
<hr>
le curry

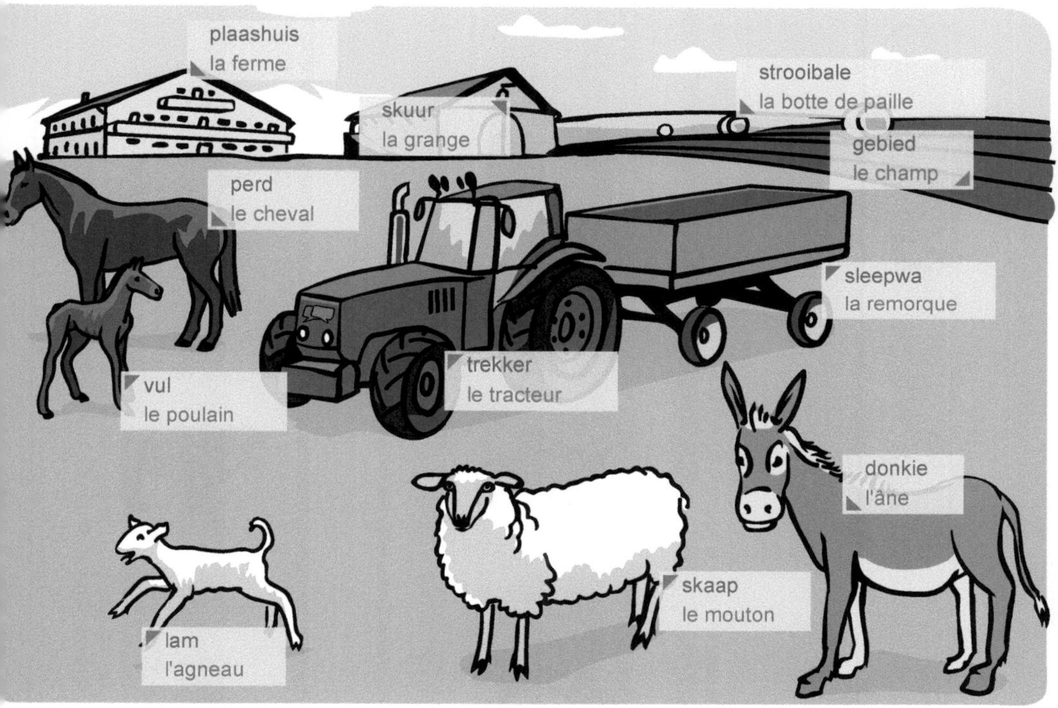

plaashuis
la ferme

skuur
la grange

strooibale
la botte de paille

gebied
le champ

perd
le cheval

sleepwa
la remorque

vul
le poulain

trekker
le tracteur

donkie
l'âne

lam
l'agneau

skaap
le mouton

bok

la chèvre

koei

la vache

kalf

le veau

vark

le porc

varkie

le porcelet

bul

le taureau

gans

l'oie

eend

le canard

kuiken

le poussin

hen

la poule

haan

le coq

rot

le rat

kat

le chat

muis

la souris

os

le bœuf

hond

le chien

hondehok

le chenil

tuinslang

le tuyau de jardin

gieter

l'arrosoir

sens

la faucheuse

ploeg

la charrue

sekel
la faucille

skoffel
la pioche

gaffel
la fourche

byl
la hache

kruiwa
la brouette

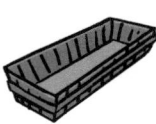

trog
la cuve

melkkan
le pot à lait

sak
le sac

heining
la clôture

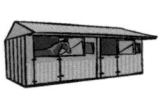

stal
l'étable

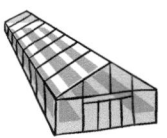

kweekhuis
le serre

grond
le sol

saad
les semences

kunsmis
l'engrais

stroper
la moissonneuse-batteuse

oes
récolter

oes
la récolte

yam
l'igname

koring
le blé

soja
le soja

aartappel
la pomme de terre

koring
le maïs

raapsaad
le colza

vrugteboom
l'arbre fruitier

broodwortel
le manioc

graan
les céréales

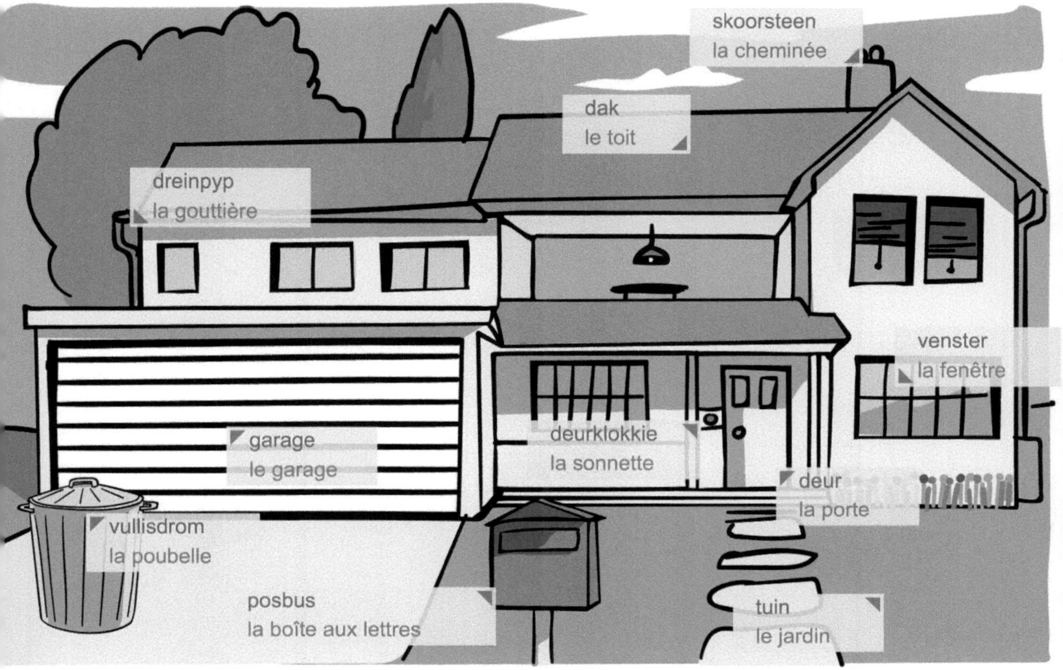

skoorsteen
la cheminée

dak
le toit

dreinpyp
la gouttière

venster
la fenêtre

garage
le garage

deurklokkie
la sonnette

deur
la porte

vullisdrom
la poubelle

posbus
la boîte aux lettres

tuin
le jardin

woonkamer

le salon

badkamer

la salle de bain

kombuis

la cuisine

slaapkamer

la chambre à coucher

kinderkamer

la chambre d'enfant

eetkamer

la salle à manger

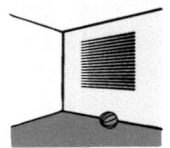

vloer
le sol

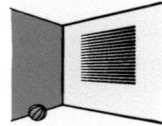

muur
le mur

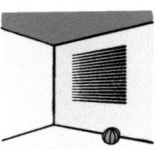

plafon
le plafond

kelder
la cave

sauna
le sauna

balkon
le balcon

terras
la terrasse

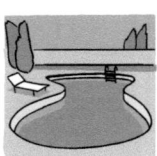

swembad
la piscine

grassnyer
la tondeuse à gazon

beddegoedoortreksel
la housse

deken
la couette

bed
le lit

besem
le balai

emmer
le sceau

skakelaar
l'interrupteur

woonkamer

le salon

muurpapier
le papier peint
prentjie
l'image
lamp
la lampe
rak
l'étagère
kas
l'armoire
televisie
la télé
kaggel
la cheminée
blom
la fleur
kussing
le coussin
rusbank
le sofa
vaas
le vase
afstandbeheer
la télécommande

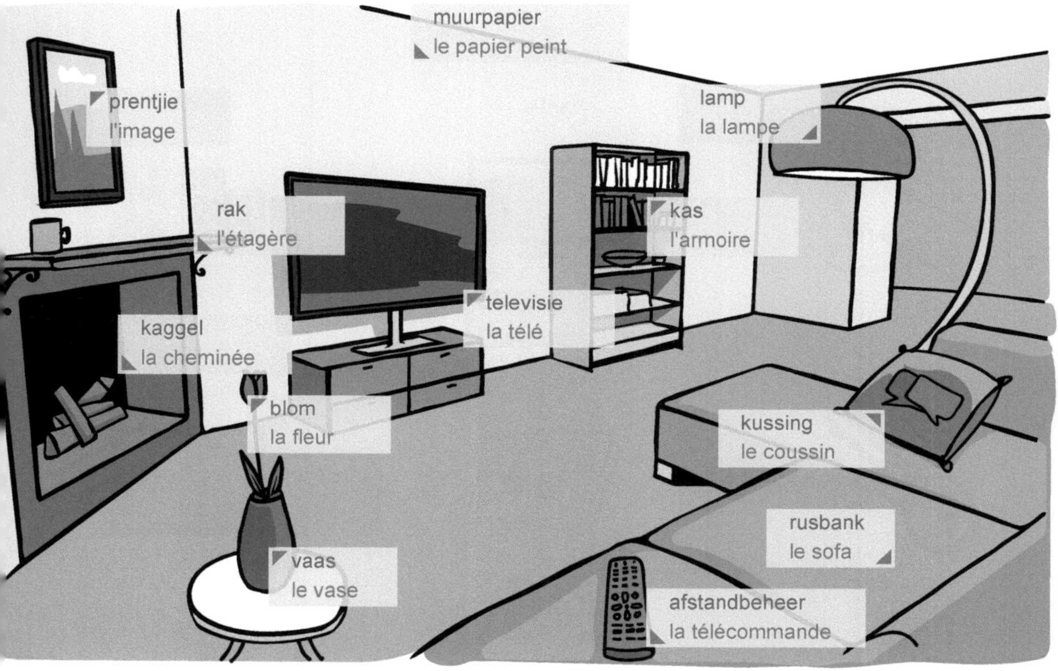

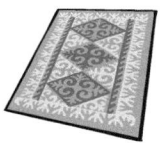

mat

le tapis

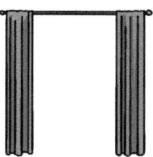

gordyn

le rideau

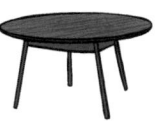

tafel

la table

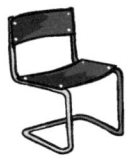

stoel

la chaise

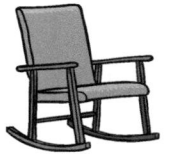

wiegstoel

la chaise à bascule

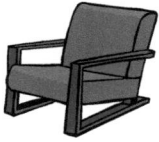

leunstoel

le fauteuil

boek

le livre

kombers

la couverture

versiering

la décoration

vuurmaakhout

le bois de chauffage

film

le film

hoëtroustel

la chaîne hi-fi

sleutel

la clé

koerant

le journal

skildery

la peinture

plakkaat

le poster

radio

la radio

notaboekie

le bloc-notes

stofsuier

l'aspirateur

kaktus

le cactus

kers

la bougie

kombuis
la cuisine

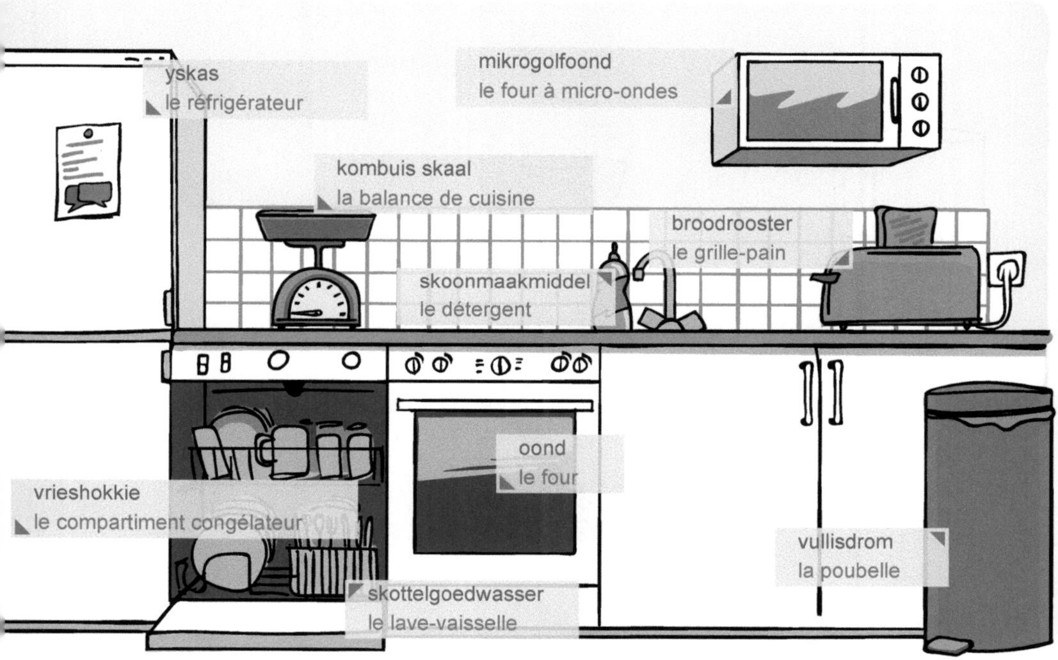
yskas
le réfrigérateur
mikrogolfoond
le four à micro-ondes
kombuis skaal
la balance de cuisine
broodrooster
le grille-pain
skoonmaakmiddel
le détergent
oond
le four
vrieshokkie
le compartiment congélateur
vullisdrom
la poubelle
skottelgoedwasser
le lave-vaisselle

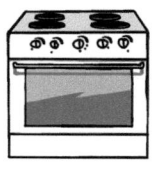

drukkoker
....
le four

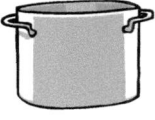

pot
....
la casserole

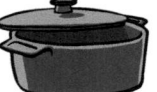

ysterpot
....
la marmite

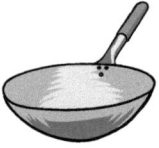

wok / kadai
....
le wok / kadai

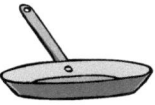

pan
....
la poêle

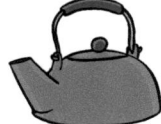

ketel
....
la bouilloire electrique

stoomkoker

le cuiseur vapeur

bakplaat

la plaque de cuisson

breekware

la vaisselle

beker

le gobelet

bak

la coupe

eetstokkie

les baguettes

skeplepel

la louche

spatel

la spatule

klitser

le fouet

sif

la passoire

sif

le tamis

rasper

la râpe

vysel

le mortier

braai

le barbecue

oop vuur

la cheminée

broodplank

la planche à découper

koekroller

le rouleau à pâtisserie

kurktrekker

le tire-bouchon

kan

la boîte

blikoopmaker

l'ouvre-boîte

vatlap

les maniques

opwasbak

le lavabo

borsel

la brosse

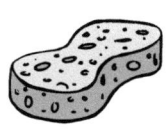

spons

l'éponge

menger

le mixeur

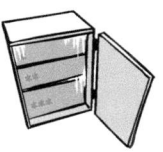

vrieskas

le congélateur

bababottel

le biberon

kraan

le robinet

badkamer
la salle de bain

verwarming
le chauffage
handdoek
la serviette
borrel bad
le bain moussant
stort
la douche
stortgordyn
le rideau de douche
bad
la baignoire
glas
le verre
wasmasjien
la machine à laver
kraan
le robinet
teëls
le carrelage
potjie
le pot
opwasbak
le lavabo

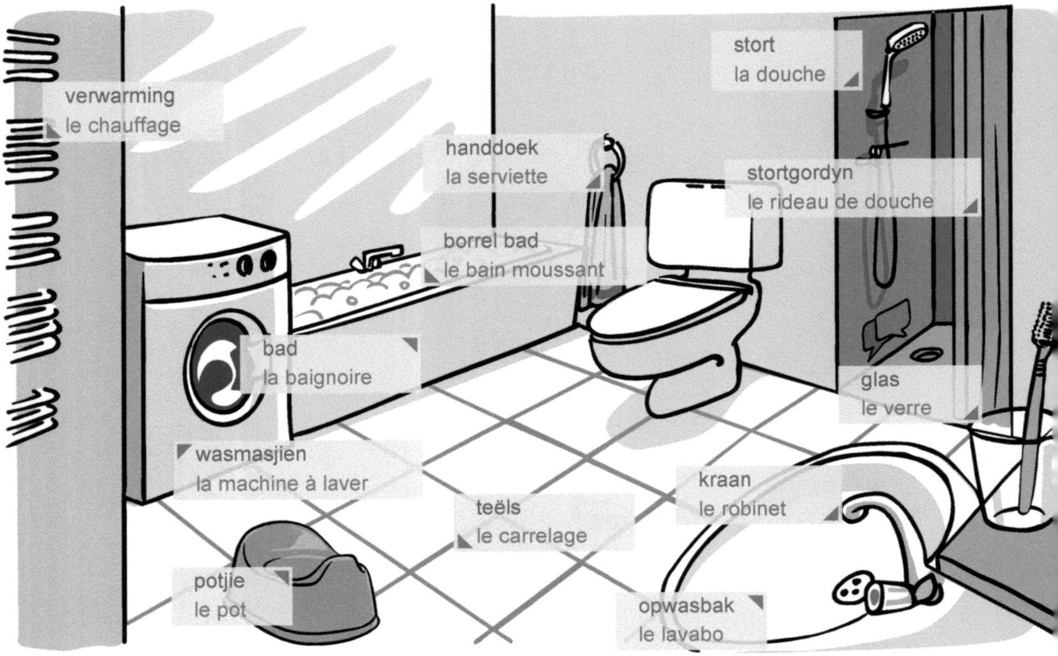

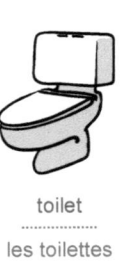

toilet

les toilettes

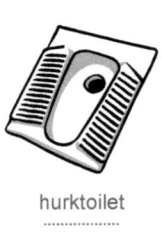

hurktoilet

la toilette à la turque

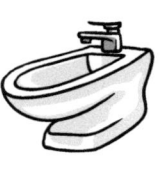

bidet

le bidet

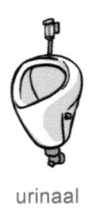

urinaal

l'urinoir

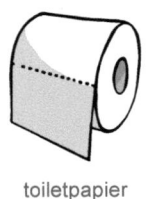

toiletpapier

le papier toilette

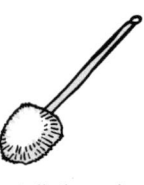

toiletborsel

la brosse à toilette

tandeborsel

la brosse à dents

tandepasta

le dentifrice

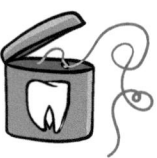

tande vlos

le fil dentaire

was

laver

handstort

la douche manuelle

stort

la douche intime

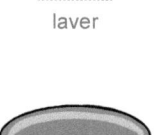

wasbak

la vasque

rugkantborsel

la brosse dorsale

seep

le savon

stortgel

le gel douche

sjampoe

le shampooing

flanel

le gant de toilette

drein

l'écoulement

room

la crème

reukweerder

le déodorant

spieël
le miroir

spieëltjie
le miroir cosmétique

skeermes
le rasoir

skeerroom
la mousse à raser

naskeermiddel
l'après-rasage

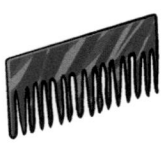

kam
la peigne

borsel
la brosse

haardroër
le sèche-cheveux

haarsproei
la laque pour cheveux

grimmering
le fond de teint

lipstifie
le rouge à lèvres

naellak
le vernis à ongles

watte
l'ouate

naelknipper
le coupe-ongles

parfuum
le parfum

toiletsakkie

la trousse de toilette

stoel

le tabouret

skaal

le pèse-personne

badjas

le peignoir

rubberhandskoene

les gants de nettoyage

tampon

le tampon

sanitêre handdoek

les serviettes hygiéniques

chemiese toilet

la toilette chimique

kinderkamer

la chambre d'enfant

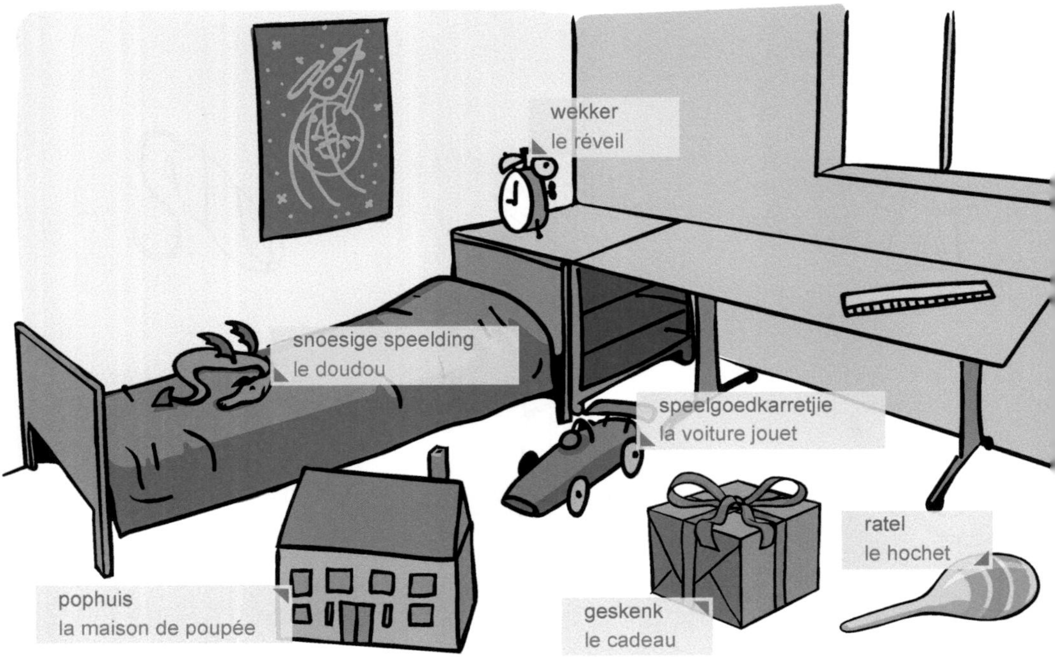

wekker
le réveil
snoesige speelding
le doudou
speelgoedkarretjie
la voiture jouet
ratel
le hochet
pophuis
la maison de poupée
geskenk
le cadeau

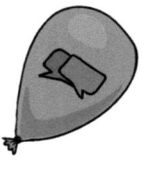

ballon

le ballon

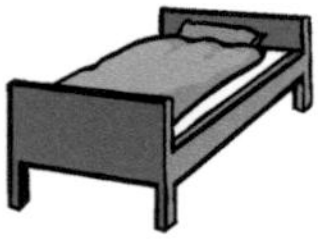

bed

le lit

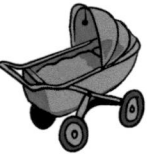

stootwaentjie

la poussette

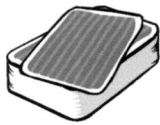

kaartespel

le jeu de cartes

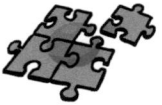

legkaart

le puzzle

SUPER
MEGA

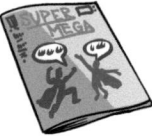

tekenprent

la bande dessinée

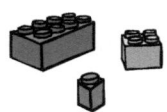

lego-blokkies

les pièces lego

speelgoedblokke

les blocs de construction

animasieheld

la figurine

groeipakkie

la grenouillère

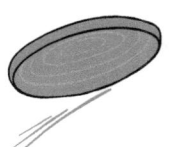

frisbee

le frisbee

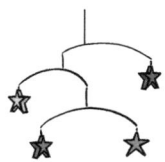

mobile

le mobile

bordspeletjie

le jeu de société

dobbelsteen

le dé

model trein stel

le train miniature

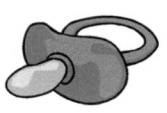

fopspeen

la sucette

partytjie

la fête

prenteboek

le livre d'images

bal

la balle

pop

la poupée

speel

jouer

sandput

le bac à sable

swaai

la balançoire

speelgoed

les jouets

videospeletjie-konsole

la console de jeu

driewiel

le tricycle

teddiebeer

l'ours en peluche

klerekas

l'armoire

klere

les vêtements

sokkies

les chaussettes

kouse

les bas

broekiekouse

le collant

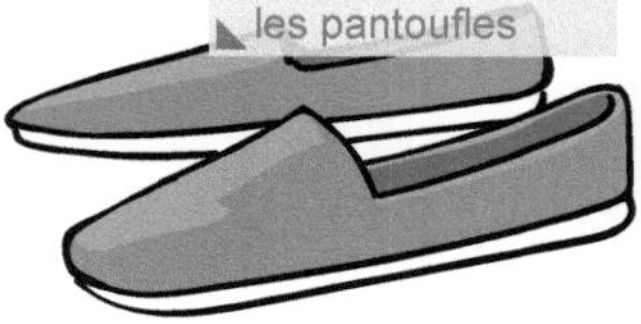

serp
l'écharpe

sambreel
le parapluie

belt
la ceinture

t-hemp
le t-shirt

skoene
les bottes

pantoffels
les pantoufles

tekkies
les baskets

sandale

les sandales

skoene

les chaussures

rubber stewels

les bottes de caoutchouc

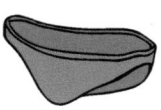

onderbroek

les sous-vêtements

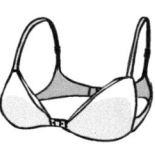

bra

le soutien-gorge

onderbaadjie

le maillot de corps

liggaam
le body

broek
le pantalon

jeans
le jean

romp
la jupe

bloes
le chemisier

hemp
la chemise

oortrektrui
le pull

oortrektrui
le sweat à capuche

baadjie
la veste

baadjie
la veste

jas
le manteau

reënjas
l'imperméable

kostuum
le costume

rok
la robe

trourok
la robe de mariée

pak

le costume

nagrok

la chemise de nuit

pajamas

le pyjama

sari

le sari

kopdoek

le foulard

tulband

le turban

burqa

la burqa

kaftan

le caftan

abaya

l'abaya

swembroek

le maillot de bain

swembroek

le maillot de bain

kortbroek

le short

sweetpak

la tenue d'entraînement

voorskoot

le tablier

handskoene

les gants

knoppie

le bouton

bril

les lunettes

armband

le bracelet

halssnoer

le collier

ring

la bague

oorbel

la boucle d'oreille

pet

le bonnet

klerehanger

le cintre

hoed

le chapeau

das

la cravate

rits

la fermeture éclair

helmet

le casque

draadjies

les bretelles

skooluniform

l'uniforme scolaire

uniform

l'uniforme

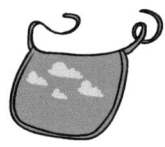

bib

le bavoir

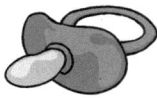

fopspeen

la sucette

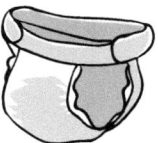

doek

la lange

kantoor
le bureau

bediener
le serveur
liasseerkabinet
l'armoire d'archivage
drukker
l'imprimante
papier
le papier
skerm
l'écran
muis
la souris
lessenaar
le bureau
leêr
le classeur
sleutelbord
le clavier
vullisdrom
la corbeille à papier
rekenaar
l'ordinateur
stoel
la chaise

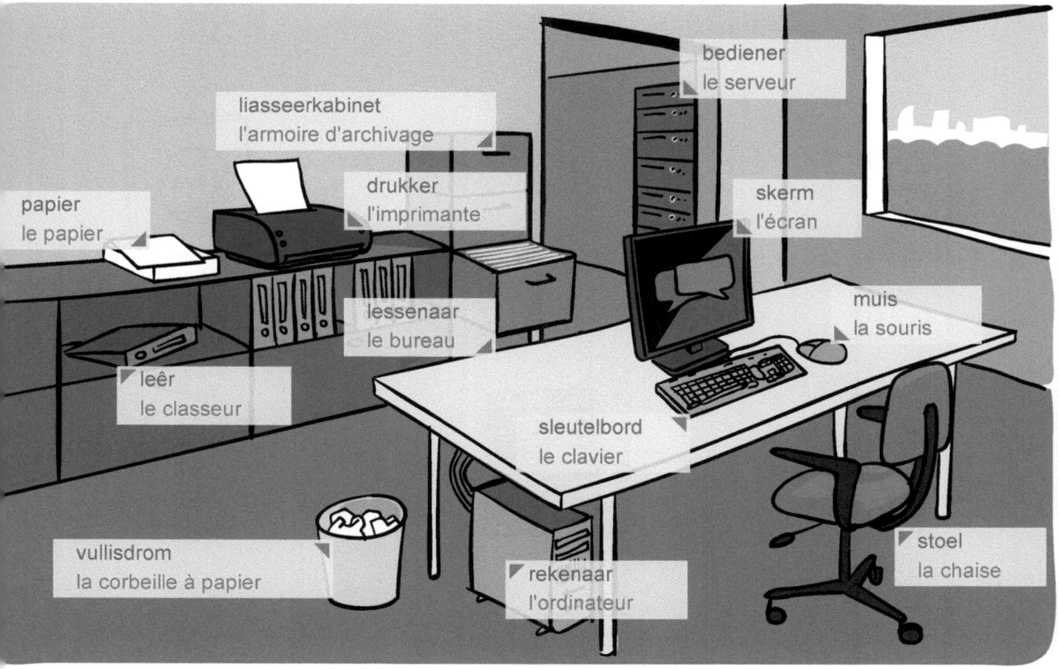

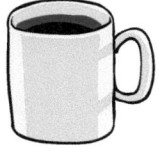

koffiebeker

la tasse de café

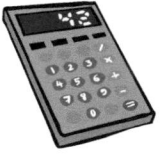

sakrekenaar

la calculatrice

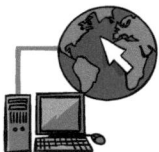

internet

l'internet

skootrekenaar

l'ordinateur portable

brief

la lettre

boodskap

le message

selfoon

le portable

netwerk

le réseau

fotostaatmasjien

la photocopieuse

sagteware

le logiciel

telefoon

le téléphone

muurprop

la prise

faksmasjien

le fax

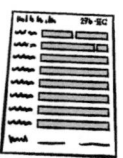

vorm

le formulaire

dokument

le document

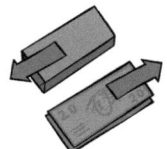

koop

acheter

betaal

payer

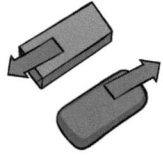

besigheid doen

faire du commerce

geld

la monnaie

 **USD**

dollar

le dollar

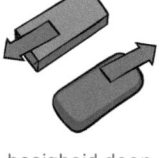 **EUR**

euro

l'euro

JPY

yen

le yen

RUB

roebel

le rouble

CHF

switserse frank

le franc suisse

CNY

renminbi yuan

le renminbi yuan

INR

rupee

la roupie

kontantteller (ATM)

le distributeur automatique

bureau de change

le bureau de change

goud

l'or

silwer

l'argent

olie

le pétrole

energie

l'énergie

prys

le prix

kontrak

le contrat

belasting

la taxe

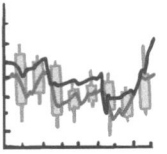

aandele

l'action

werk

travailler

werknemer

l'employé

werkgewer

l'employeur

fabriek

l'usine

winkel

le magasin

beroepe
les professions

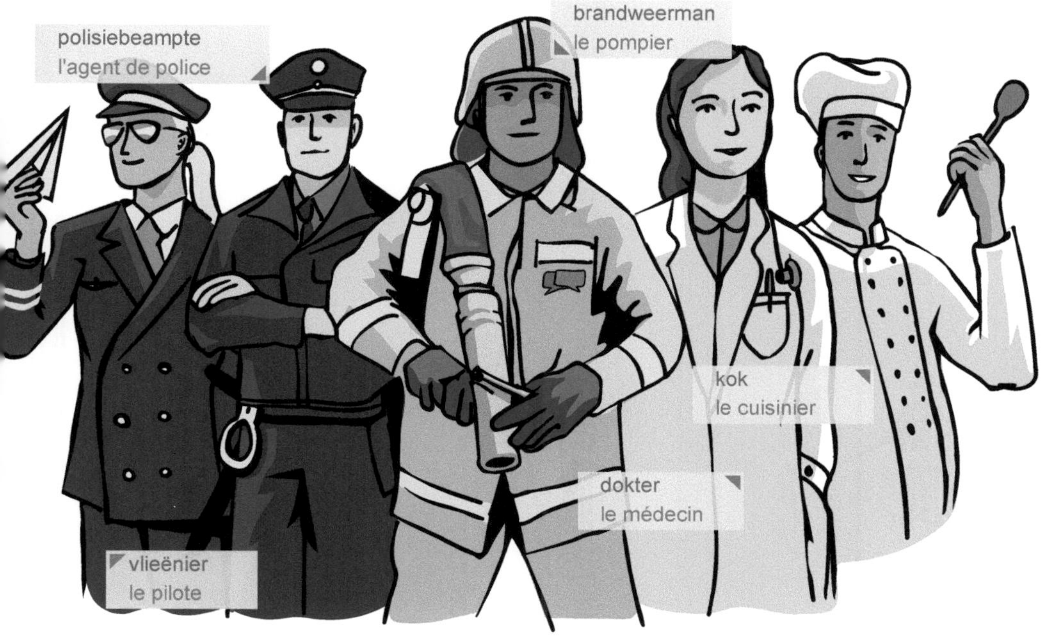
polisiebeampte
l'agent de police
brandweerman
le pompier
kok
le cuisinier
dokter
le médecin
vlieënier
le pilote

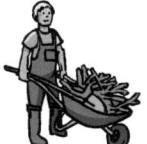

tuinier

le jardinier

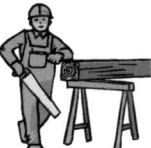

timmerman

le menuisier

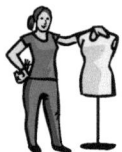

naaldwerkster

la couturière

regter

le juge

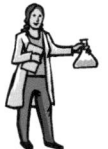

chemikus

le chimiste

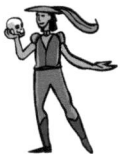

akteur

l'acteur

busbestuurder

le conducteur de bus

taxibestuurder

le chauffeur de taxi

visserman

le pêcheur

skoonmaakvrou

la femme de ménage

dakwerker

le couvreur

kelner

le serveur

jagter

le chasseur

skilder

le peintre

bakker

le boulanger

elektrisiën

l'électricien

bouer

l'ouvrier

ingenieur

l'ingénieur

slagter

le boucher

loodgieter

le plombier

posman

le facteur

soldaat

le soldat

argitek

l'architecte

kassier

le caissier

bloemiste

le fleuriste

haarkapper

le coiffeur

kondukteur

le contrôleur

werktuigkundige

le mécanicien

kaptein

le capitaine

tandarts

le dentiste

wetenskaplike

le scientifique

rabbi

le rabbin

imam

l'imam

monnik

le moine

predikant

le prêtre

gereedskap
les outils

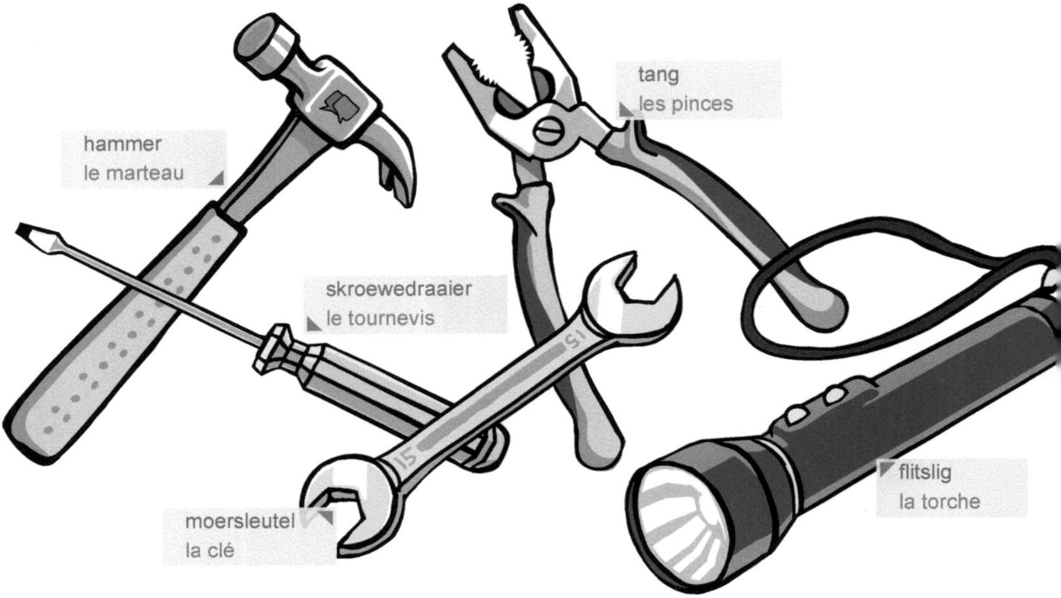
hammer
le marteau
tang
les pinces
skroewedraaier
le tournevis
moersleutel
la clé
flitslig
la torche

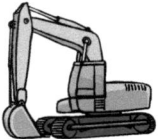

graaftoestel

la pelleteuse

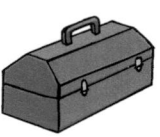

gereedskapskis

la boîte à outils

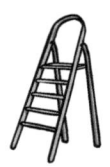

leer

l'échelle

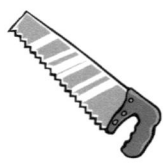

saag

la scie

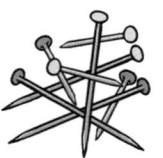

naels

les clous

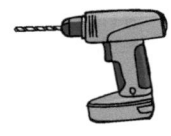

boor

la perceuse

regmaak

réparer

graaf

la pelle

verdomp!

Mince !

skoppie

la pelle

verfpot

le pot de peinture

skroewe

les vis

musiekinstrumente
les instruments de musique

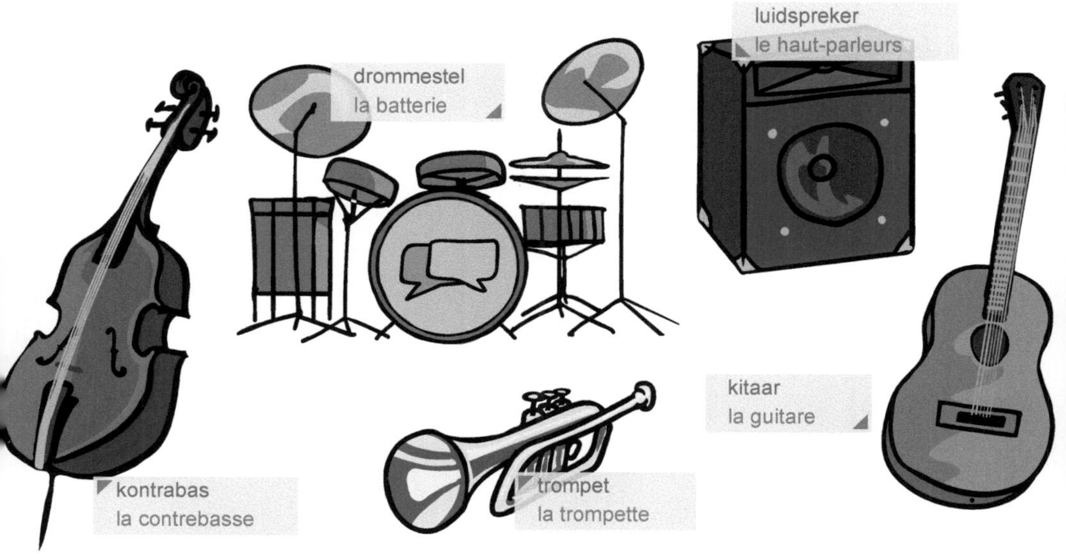

luidspreker
le haut-parleurs

drommestel
la batterie

kitaar
la guitare

kontrabas
la contrebasse

trompet
la trompette

klavier

le piano

viool

le violon

bas

la basse

keteltrom

les timbales

dromme

le tambour

sleutelbord

le piano électrique

saksofoon

le saxophone

fluit

la flûte

mikrofoon

le microphone

musiekinstrumente - les instruments de musique

dieretuin
le zoo

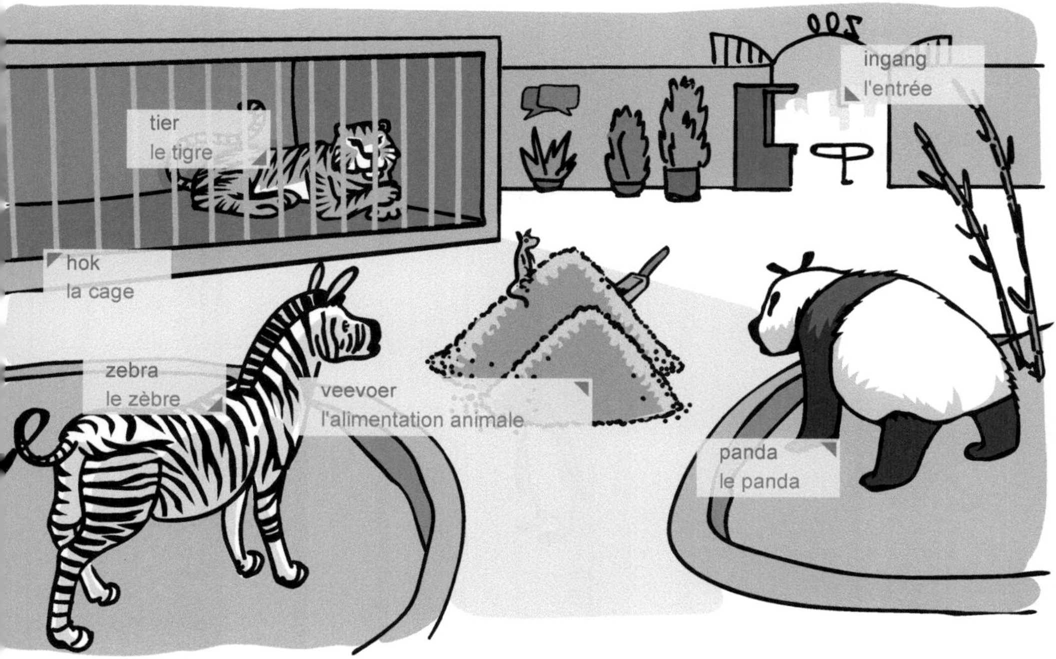

tier
le tigre
ingang
l'entrée
hok
la cage
zebra
le zèbre
veevoer
l'alimentation animale
panda
le panda

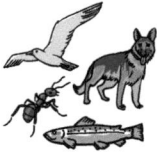

diere

les animaux

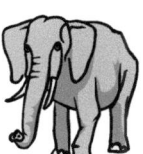

olifant

l'éléphant

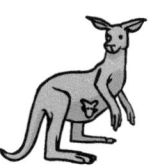

kangaroo

le kangourou

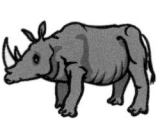

renoster

le rhinocéros

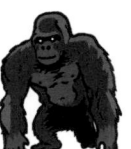

gorilla

le gorille

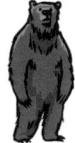

beer

l'ours

kameel

le chameau

volstruis

l'autruche

leeu

le lion

aap

le singe

flamink

le flamand rose

papegaai

le perroquet

ysbeer

l'ours polaire

pikkewyn

le pingouin

haai

le requin

pou

le paon

slang

le serpent

krokodil

le crocodile

dieretuinopsigter

le gardien de zoo

rob

le phoque

jaguar

le jaguar

ponie

le poney

luiperd

le léopard

seekoei

l'hippopotame

kameelperd

la girafe

arend

l'aigle

wildevark

le sanglier

vis

le poisson

skilpad

la tortue

walrus

le morse

jakkals

le renard

gemsbok

la gazelle

Amerikaanse Voetbal
l'american Football

fietsry
le cyclisme

tennis
le tennis

basketbal
le basket-ball

swem
la natation

boks
la boxe

ys-hokkie
le hockey sur glace

sokker
le football

pluimbal
le badminton

atletiek
l'athlétisme

handbal
le handball

ski
le ski

polo
le polo

aktiwiteite
les activités

lag
rire
spring
sauter
drukkie
embrasser
loop
marcher
sing
chanter
droom
rêver
bid
prier
soen
faire la bise

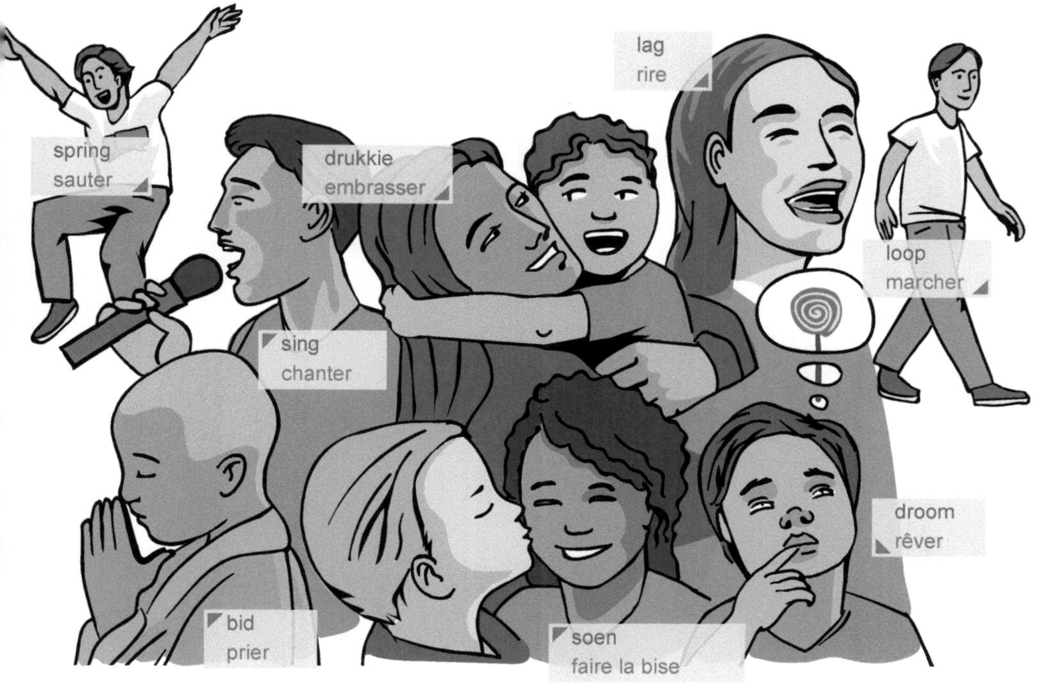

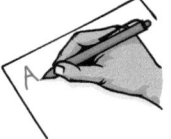

skryf écrire	teken dessiner	show montrer
druk pousser	gee donner	neem prendre

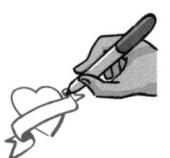

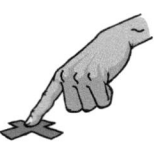

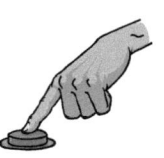

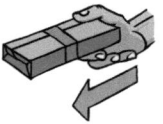

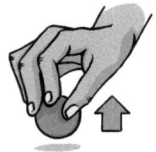

het
avoir

doen
faire

wees
être

staan
être debout

hardloop
courir

trek
trier

gooi
jeter

val
tomber

jok
être couché

wag
attendre

dra
porter

sit
être assis

aantrek
s'habiller

slaap
dormir

wakker word
se réveiller

kyk na

regarder

huil

pleurer

streel

caresser

kam

peigner

praat

parler

verstaan

comprendre

vra

demander

luister

écouter

drink

boire

eet

manger

opruim

ranger

liefhê

aimer

kook

cuire

ry

conduire

vlieg

voler

aktiwiteite - les activités

seil

faire de la voile

bereken

calculer

lees

lire

leer

apprendre

werk

travailler

trou

se marier

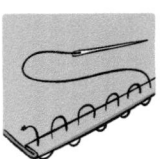

naai

coudre

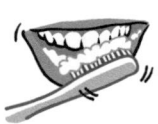

tande borsel

brosser les dents

doodmaak

tuer

rook

fumer

stuur

envoyer

ouma
a grand-mère

oupa
le grand-père

pa
le père

ma
la mère

baba
le bébé

dogter
la fille

seun
le fils

gas

l'hôte

tannie

la tante

oom

l'oncle

broer

le frère

suster

la sœur

liggaam
le corps

voorkop
le front
oog
l'œil
skouer
l'épaule
vinger
le doigt
gesig
le visage
ken
le menton
hand
la main
been
la jambe
bors
la poitrine
arm
le bras

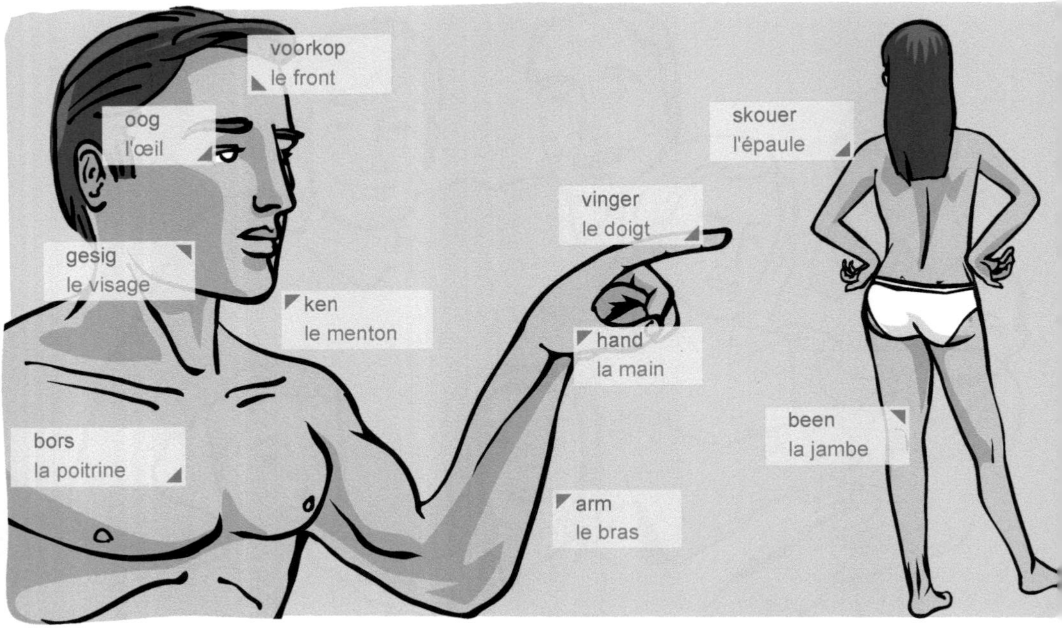

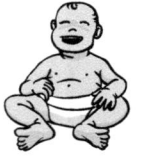

baba

le bébé

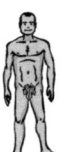

man

l'homme

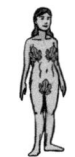

vrou

la femme

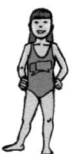

meisie

la fille

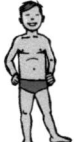

seun

le garçon

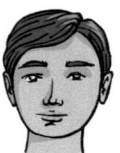

kop

la tête

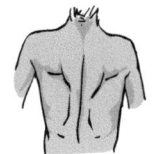

rug

le dos

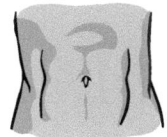

buik

le ventre

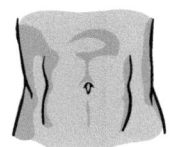

naelstring

le nombril

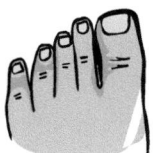

toon

l'orteil

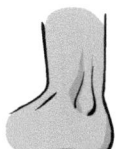

hak

le talon

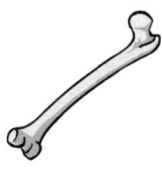

been

l'os

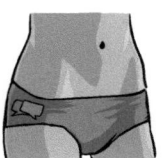

heup

la hanche

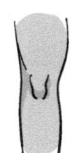

knie

le genou

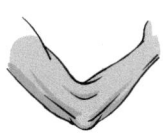

elmboog

le coude

neus

le nez

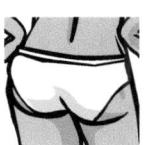

boude

les fesses

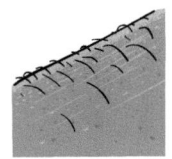

vel

la peau

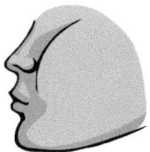

wang

la joue

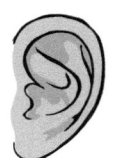

oor

l'oreille

lippe

la lèvre

mond

la bouche

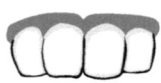

tand

la dent

tong

la langue

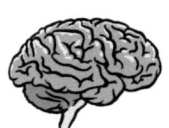

brein

le cerveau

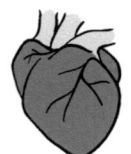

hart

le cœur

spiere

le muscle

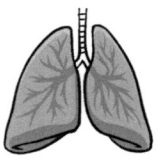

long

les poumons

lewer

le foie

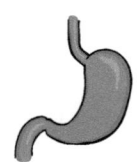

maag

l'estomac

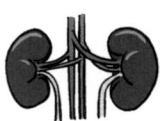

niere

les reins

seks

le rapport sexuel

kondoom

le préservatif

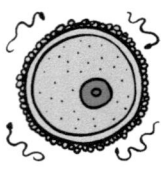

eierstok

l'ovule

semen

le sperme

swangerskap

la grossesse

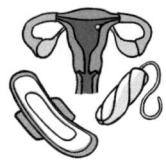

menstruasie
....
la menstruation

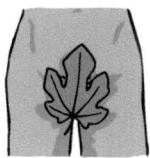

vagina
....
le vagin

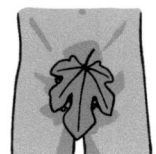

penis
....
le pénis

wenkbrou
....
le sourcil

hare
....
les cheveux

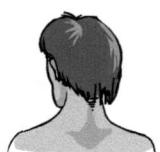

nek
....
le cou

hospitaal
l'hôpital

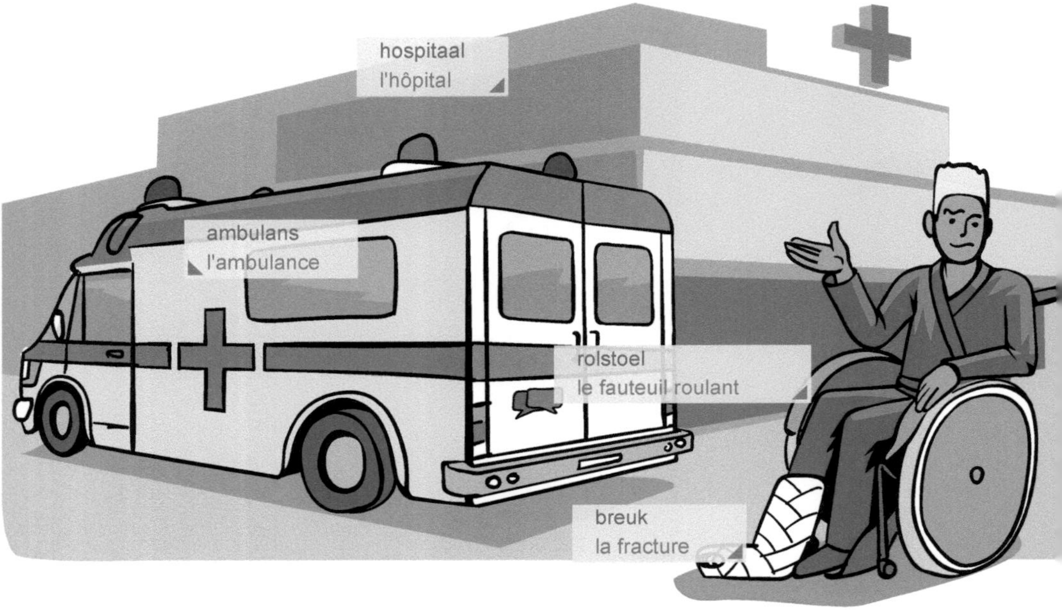

hospitaal
l'hôpital
ambulans
l'ambulance
rolstoel
le fauteuil roulant
breuk
la fracture

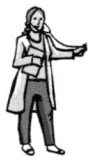

dokter

le médecin

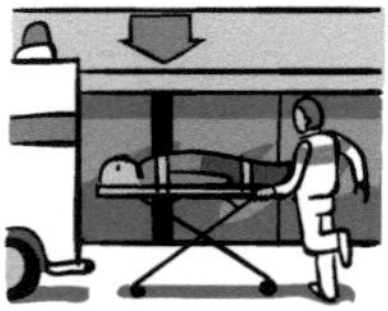

ongevalle

le service des urgences

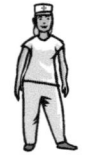

verpleegster

l'infirmière

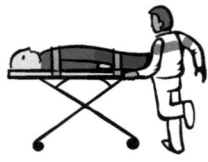

noodgeval

l'urgence

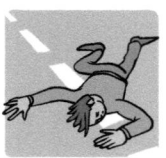

bewusteloos

inconscient

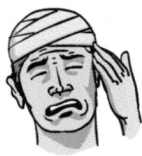

pyn

la douleur

besering

la blessure

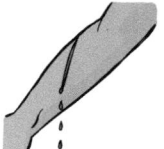

bloeding

l'hémorragie

hartaanval

la crise cardiaque

beroerte

l'attaque cérébrale

allergie

l'allergie

hoes

la toux

koors

la fièvre

griep

la grippe

diarree

la diarrhée

hoofpyn

le mal de tête

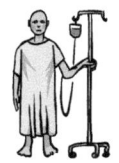

kanker

le cancer

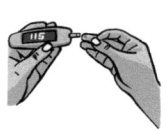

diabetes

le diabète

chirurg

le chirurgien

skalpel

le scalpel

operasie

l'opération

hospitaal - l'hôpital

CT
le CT

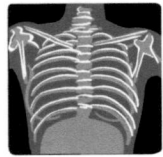

X-straal
la radiographie

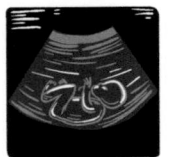

ultraklank
l'échographie

gesigmasker
le masque

siekte
la maladie

wagkamer
la salle d'attente

kruk
la béquille

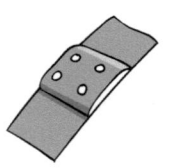

gips
le pansement

verband
le pansement

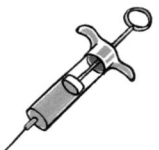

inspuiting
l'injection

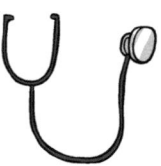

stetoskoop
le stéthoscope

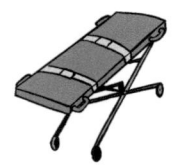

draagbaar
le brancard

kliniese termometer
le thermomètre

geboorte
l'accouchement

oorgewig
la surcharge pondérale

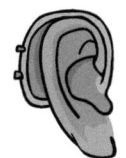

gehoorapparaat

l'appareil auditif

ontsmettingsmiddel

le désinfectant

infeksie

l'infection

virus

le virus

MIV / vigs

le VIH / le sida

medisyne

le médicament

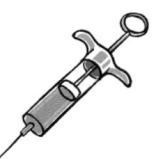

inenting

la vaccination

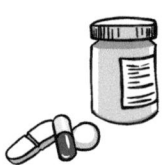

tablette

les comprimés

pil

la pilule

noodoproep

l'appel d'urgence

blooddrukmonitor

le tensiomètre

siek / gesond

malade / sain

Help!

Au secours !

alarm

l'alarme

aanranding

l'assaut

aanval

l'attaque

gevaar

le danger

nooduitgang

la sortie de secours

Brand!

Au feu!

brandblusser

l'extincteur

ongeluk

l'accident

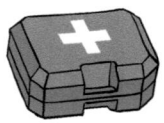

noodhulpkissie

la trousse de premier
secours

SOS

SOS

polisie

la police

Europa

l'Europe

Noord-Amerika

l'Amérique du Nord

Suid-Amerika

l'Amérique du Sud

Afrika

l'Afrique

Asië

l'Asie

Australië

l'Australie

Atlantiese Oseaan

l'Océan atlantique

Stille Oseaan

l'Océan pacifique

Indiese Oseaan

l'Océan indien

Antarktiese Oseaan

l'Océan antarctique

Arktiese Oseaan

l'Océan arctique

Noordpool

le Pôle nord

Suidpool

le Pôle sud

Antarktika

l'Antarctique

aarde

la terre

land

le pays

see

la mer

eiland

l'île

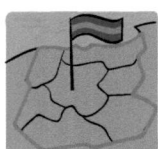

nasie

la nation

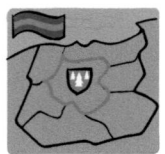

staat

l'état

horlosie

le cadran

uur-aanwyser

l'aiguille des heures

minuut-aanwyser

l'aiguille des minutes

sekonde-aanwyser

l'aiguille des secondes

Hoe laat is dit?

Quelle heure est-il ?

dag

le jour

tyd

le temps

nou

maintenant

digitale horlosie

la montre digitale

minuut

la minute

uur

l'heure

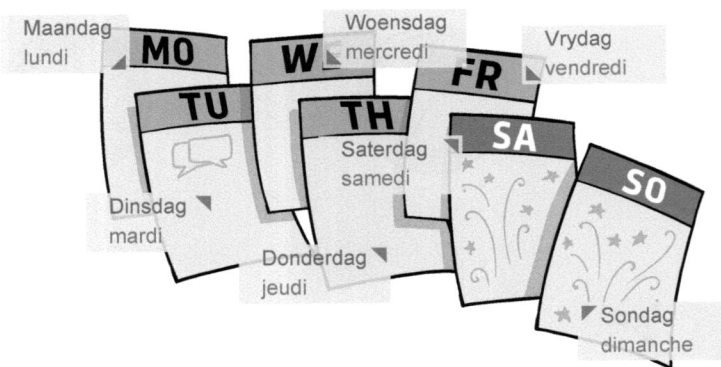

Maandag / lundi
Woensdag / mercredi
Vrydag / vendredi
Dinsdag / mardi
Donderdag / jeudi
Saterdag / samedi
Sondag / dimanche

gister

hier

vandag

aujourd'hui

môre

demain

oggend

le matin

middag

le midi

aand

le soir

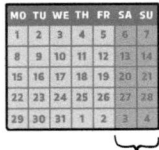

werksdae

les jours ouvrables

naweek

le week-end

jaar
l'année

reën
la pluie
reënboog
l'arc-en-ciel
wind
le vent
sneeu
la neige
lente
le printemps
Herfs
l'automne
somer
l'été
winter
l'hiver

4.APRIL 11°
5.APRIL 4°
6.APRIL 13°
7.APRIL 8°
8.APRIL 10°

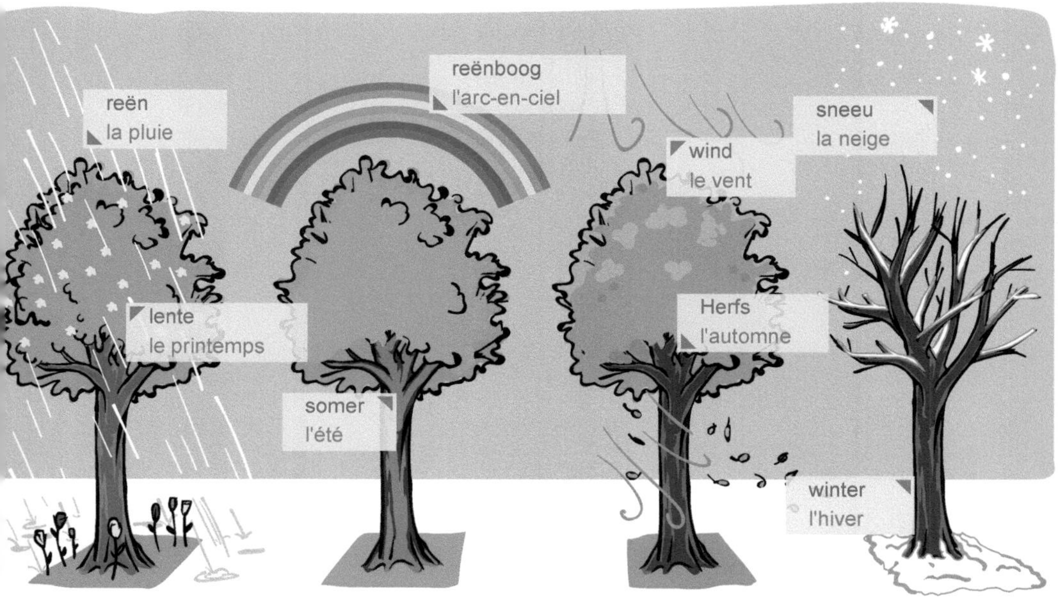

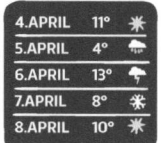

weervoorspelling

la météo

F C
120 40
90 30
60 20
30 10
0 0
-30 -10
-20

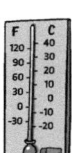

termometer

le thermomètre

sonskyn

la lumière du soleil

wolk

le nuage

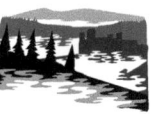

mis

le brouillard

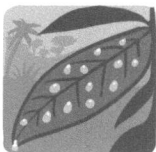

humiditeit

l'humidité

weerlig

la foudre

donderweer

la tonnerre

storm

la tempête

hael

la grêle

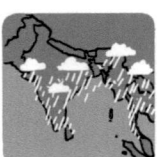

reënseisoen

la mousson

vloed

l'inondation

ys

la glace

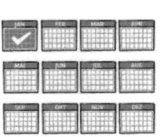

Januarie

janvier

Februarie

février

Maart

mars

April

avril

Mei

mai

Junie

juin

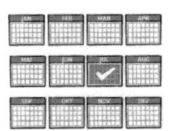

Julie

juillet

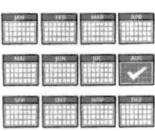

Augustus

août

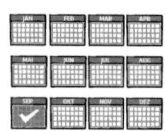

September
....
septembre

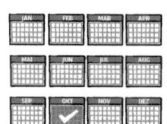

Oktober
....
octobre

November
....
novembre

Desember
....
décembre

sirkel
....
le cercle

vierkant
....
le carré

reghoek
....
le rectangle

driehoek
....
le triangle

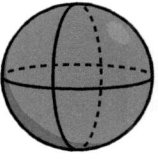

gebied
....
la sphère

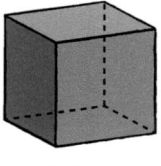

kubus
....
le cube

wit
....
blanc

geel
....
jaune

oranje
....
orange

pink
....
rose

rooi
....
rouge

pers
....
violet

blou
....
bleu

groen
....
vert

bruin
....
marron

grys
....
gris

swart
....
noir

'n baie / 'n bietjie

beaucoup / peu

kwaad / kalm

fâché / calme

pragtig / lelik

joli / laid

begin / einde

le début / la fin

groot / klein

grand / petit

helder / donker

clair / obscure

broer / suster

frère / soeur

skoon / vuil

propre / sale

volledige / onvolledige

complet / incomplet

dag / nag

le jour / la nuit

dood / lewendig

mort / vivant

wyd / smal

large / étroit

eetbare / oneetbaar

comestible / incomestible

kwaad / vriendelik

méchant / gentil

opgewonde / verveeld

excité / ennuyé

vet / maer

gros / mince

eerste / laaste

le premier / le dernier

vriend / vyand

l'ami / l'ennemi

vol / leeg

plein / vide

hard / sag

dur / souple

swaar / lig

lourd / léger

honger / dors

faim / soif

siek / gesond

malade / sain

onwettige / wettige

illégal / légal

slim / dom

intelligent / stupide

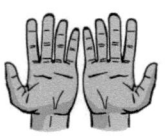

links / regs

gauche / droite

naby / vêr

proche / loin

nuut / tweedehands

nouveau / usé

niks / iets

rien / quelque chose

oud / jonk

vieux / jeune

aan / af

marche / arrêt

oop / toe

ouvert / fermé

stil / lawaaierig

faible / fort

ryk / arm

riche / pauvre

reg / verkeerd

correct / incorrect

grof / glad

rugueux / lisse

hartseer / gelukkig

triste / heureux

kort / lank

court / long

stadig / vinnig

lent / rapide

nat / droog

mouillé / sec

warm / koel

chaud / froid

oorlog / vrede

la guerre / la paix

0

nul

zéro

1

een

un / une

2

twee

deux

3

drie

trois

4

vier

quatre

5

vyf

cinq

6

ses

six

7

sewe

sept

8

agt

huit

9

nege

neuf

10

tien

dix

11

elf

onze

12
twaalf
douze

13
dertien
treize

14
veertien
quatorze

15
vyftien
quinze

16
sestien
seize

17
sewentien
dix-sept

18
agtien
dix-huit

19
negentien
dix-neuf

20
twintig
vingt

100
honderd
cent

1.000
duisend
mille

1.000.000
miljoen
le million

Engels

l'anglais

Amerikaanse Engels

l'anglais américain

Mandaryns

le chinois mandarin

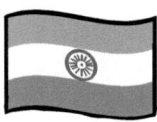

Hindi

le hindi

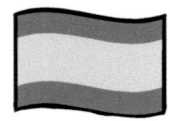

Spaans

l'espagnol

Frans

le français

Arabies

l'arabe

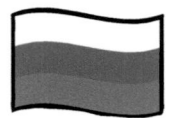

Russies

le russe

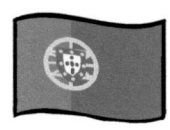

Portugees

le portugais

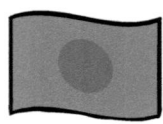

Bengaals

le bengali

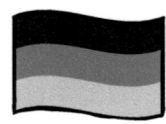

Duits

l'allemand

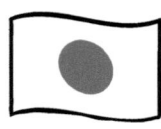

Japanees

le japonais

Ek
je

jy
tu

hy / sy / dit
il / elle / ce, c', cela

ons
nous

julle
vous

hulle
ils / elles

wie?
Qui ?

wat?
Quoi ?

hoe?
Comment ?

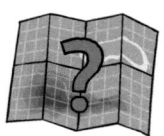

waar?
Où ?

wanneer?
Quand ?

naam
le nom

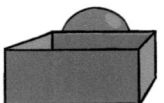

agter

derrière

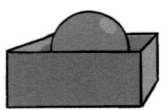

in

dans

voor

devant

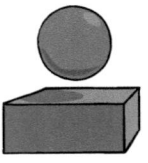

oor

au-dessus

bo-op

sur

onder

en-dessous

langs

à côté de

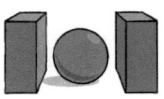

tussen

entre

plek

le lieu